GW01417637

A guide to letter-writing in French

C A Mannion Watson

Head of Modern Languages
Tormead School, Guildford

Illustrations by Janice Goodman.

Nelson

Thomas Nelson and Sons Ltd
Nelson House   Mayfield Road
Walton-on-Thames   Surrey
KT12 5PL   UK

51 York Place
Edinburgh
EH1 3JD   UK

Thomas Nelson (Hong Kong) Ltd
Toppan Building 10/F
22A Westlands Road
Quarry Bay   Hong Kong

Thomas Nelson Australia
102 Dodds Street
South Melbourne
Victoria 3205   Australia

Nelson Canada
1120 Birchmount Road
Scarborough   Ontario
M1K 5G4   Canada

First published by EJ Arnold and Son Ltd 1981
ISBN 0-560-09500-7

This edition published by Thomas Nelson and Sons Ltd 1989
ISBN 0-17-439449-7
NPN 9 8 7 6 5 4

Printed in Hong Kong

CONTENTS

INTRODUCTION

The main aim of this book is to provide guidelines for those pupils wishing to correspond with a French penfriend or exchange partner, and to give assistance and practice in writing letters in French to those preparing for GCE and CSE examinations. Although the central theme of the book is correspondence, much of the vocabulary covered should also be of use in other areas of any 'O' level or CSE examination syllabus, particularly as a background for oral work. Its use need not be limited to people of school age; the section on formal letter-writing should be of value to anyone needing to write to France on business, to book their holidays, or to apply for a job.

Each unit has been organized in four sections. The first provides a model letter with an introduction in English and notes, where necessary, drawing attention to details such as layout and forms of address. Each letter is restricted to one principal topic and there is exploitation of vocabulary, background material and simple grammatical points in the second section. The third section deals with constructions which usually cause difficulty to English students and provides drills and exercises on these points. The last section is designed to give guided practice in writing letters on the subject covered by the unit. The final unit provides a selection of questions from past 'O' level, 16+ and CSE papers to enable teachers and pupils to prepare more specifically for examination questions.

ACKNOWLEDGEMENTS

I should like to express my gratitude to G N Harris whose guide to letter-writing in German, *Alles Gute!*, provided me with such an excellent model, and to my pupils past and present whose work has provided many of the ideas for the subject material. My thanks are also due to Chantal and François Châtain, Sabine Bardon and Jean Crouch-Smith for their many helpful suggestions during the preparation of this book. Finally I am grateful to the Examining Boards for their permission to use certain questions from past papers.

C. A. Mannion Watson

REFERENCE TABLE

The following table will help you to write letters correctly in French. Once you have decided which kind of letter you are writing, use the information on the appropriate line. Remember to be consistent about your use of the word 'you' in French.

TYPE OF LETTER	BEGINNING	ENDING	you (subject)	you (object)	your
INFORMAL one person	Cher Jean Chère Odile	Bien à toi Amitiés À bientôt Affectueusement	tu	te	ton/ta/tes
INFORMAL two people	Chers Alain et Pierre Chers François et Yvette Chères Sylvie et Francine	Bien à vous Amitiés À bientôt Affectueusement	vous	vous	votre/vos
FORMAL	Monsieur Madame Messieurs	Je vous prie d'agréer, Monsieur/Madame/Messieurs, l'expression de mes sentiments distingués	vous	vous	votre/vos

INFORMAL LETTERS

Dorking, le 16 février

Cher Pierre,
J'ai eu votre adresse par mon professeur de français et je voudrais être votre correspondant anglais. Je vous écrirai en français et vous pourriez me répondre en anglais, d'accord? Voulez-vous corriger mes fautes, s'il vous plaît?
Maintenant je vais parler de moi un petit peu. Je m'appelle Ian Brown, j'ai quatorze ans et j'habite à Dorking qui est une petite ville dans le sud de l'Angleterre. Mon père est employé de bureau et il travaille à Londres pour la compagnie Shell. Ma mère ne travaille pas. Elle est maîtresse de maison.
J'ai un frère et deux sœurs. Mon frère s'appelle Grahame et il a douze ans. Ma sœur aînée a dix-huit ans et s'appelle Julie, elle est étudiante. Ma petite sœur s'appelle Rosemary et elle a dix ans.
Voilà une courte description de ma famille. Écrivez-moi bientôt pour me dire comment est votre famille.
Bien cordialement à vous.

Ian

1 Introducing yourself and your family

This is the kind of letter you could send to your penfriend when writing to someone for the first time. In it you explain where you got his/her address, describe yourself and your family and say something about where you live.

Points to notice:

1 You should only put the town at the top of a letter. The whole address is written on the back of the envelope.
2 The date appears after the town name, often on the same line.
3 The date on letters in French is written *le*+number+month.
4 The person's name is written almost in the middle of the page.
5 You use *Cher* if you are writing to a boy and *Chère* when writing to a girl.
6 It is best to use *vous* when writing to someone for the first time.

AI *When you write a letter to introduce yourself, you may find some of the following vocabulary useful:*

j'habite	— I live (in)
une ville	— a town
un village	— a village
la banlieue	— the suburbs
dans le nord/sud/ ouest/est/centre de	— in the North/South/ West/East/centre of
aîné(e)	— oldest
mort(e)	— dead
divorcé(e)	— divorced
une veuve	— a widow
un veuf	— a widower
une organisation	— an organization
un magazine	— a magazine

II *Try and work out how to describe your family by using the following information:*

J'ai	un deux une deux	frère frères sœur sœurs
Je n'ai pas	de	frères sœurs
Je n'ai	ni frères	ni sœurs

BI *Notice that when you are describing someone's profession you do not use* un *or* une:

Mon frère est ingénieur
Ma sœur est infirmière

Look at the following lists of people and jobs, and picking one item from each column make up five sentences as in the example:

Mon ami est médecin

Mon père	une vendeuse
Ma mère	un/e ouvrier/ouvrière (chez British Rail etc.)
Ma cousine	un médecin
Mon frère	une maîtresse de maison
Mon oncle	une institutrice
Mon ami	un agriculteur
Ma tante	une hôtesse de l'air
	un/e employé(e) de bureau

II *When you give your age, remember to use the verb* avoir.

J'ai seize ans—*I am sixteen.*

Here are some other expressions which are also formed with avoir:

avoir froid	—*to be cold*
avoir chaud	—*to be hot, warm*
avoir soif	—*to be thirsty*
avoir faim	—*to be hungry*
avoir sommeil	—*to be sleepy*

avoir raison	—*to be right*
avoir tort	—*to be wrong*
avoir peur de	—*to be afraid of*
avoir besoin de	—*to need*
avoir envie de	—*to feel like*

Now complete the blanks with one of the phrases from the list:

Je vais enlever ma veste car je...
Je vais enlever ma veste car j'ai chaud

1 Je vais mettre un pull car je...
2 Il va se coucher car il...
3 Nous allons manger car nous...
4 Elle va prendre du café car elle...
5 Le voleur se sauve car il...
6 Quand je dis, Paris est la capitale de la France, je...
7 Quand je dis, la lune est faite de fromage, je...
8 Je dois travailler car je...mille francs pour m'acheter une moto.
9 Elles vont au cinéma car elles...voir un film
10 Je vais enlever mon manteau car je...

CI *See if you can answer these questions from your penfriend's letter:*

1 Quel âge avez-vous?
2 Avez-vous des frères ou des sœurs?
3 Où habitez-vous?
4 Que fait votre père dans la vie?

II *Now try and ask your penfriend the following questions:*
1 Ask how old he/she is.
2 Ask how old his/her brother or sister is.
3 Ask what his/her mother does.
4 Ask where his/her father works.

III *Write a short letter to a penfriend:*
1 Say you saw his name and address in a magazine.
2 Say you would like to be his penfriend.
3 Introduce yourself and say where you live.
4 Describe your family briefly and say what they do.
5 End the letter in a suitable way.

Manchester, le 6 juin.

Chère Yvonne,
Merci de ta dernière lettre que j'ai reçue hier matin. Tu m'as demandé de décrire ma maison. Eh bien, nous habitons une petite maison moderne dans la banlieue de Manchester.

Chez moi il y a sept pièces — trois chambres, une salle de bains, une cuisine, une salle à manger et une salle de séjour. Ma chambre à moi donne sur le jardin qui est assez grand. Dans le jardin il y a quelques arbres, une pelouse et beaucoup de fleurs. Malheureusement nous n'avons pas de garage.

Je t'envoie une photo de notre maison. Comment est ton appartement? N'oublie pas de répondre aussi vite que possible!

Bien à toi.

Jane

2 Describing your home

Here is a letter which describes your house. It also tells you how to thank someone for their letter and to say that you are enclosing something with the letter.

Points to notice:
1 To say thank you for something you use *merci de*.
2 As you already know the girl you are writing to, you would use *tu* and not *vous*.
3 This letter uses an alternative way of signing off.

A I *How would you describe where you live?*

Nous habitons une maison/un appartement/une villa/une ferme/un chalet/une chaumière/un bungalow.

II *Which of these would you choose to describe where your home is?*

J'habite à la campagne/dans un village/dans la banlieue/aux environs de la ville/au centre de la ville.

B I *A neat way of saying "at home/home/at my house/in my house/where I live" etc is* chez moi. *You can also say:*

Chez toi, chez lui, chez elle, chez soi, chez Marie, chez nous, chez vous, chez eux, chez elles.

How would you say:

1 In his house.
2 Where they live.
3 We are going home.
4 At Raoul's house.
5 Let's go to Chantal's house.
6 In your house. *(to a friend)*

II *After* beaucoup *and* pas *you use* de *rather than* des *or* un *or* une. *This rule also applies to any expression of quantity*—une bouteille de, un kilo de, etc.

Dans le jardin il y a beaucoup **de** fleurs.

Nous n'avons pas **de** garage.

The only exception is when pas *comes after the verb* être.

Ce n'est pas **une** erreur.

Complete the following with de *or* des, *whichever is correct:*

1 Il a acheté...bonbons.
2 Il a acheté cent grammes...bonbons.
3 Elle a cueilli...fleurs.
4 Elle a cueilli beaucoup...fleurs.
5 L'agriculteur a...moutons et...vaches mais il n'a pas...chevaux.
6 Ce ne sont pas...Français, ce sont...Anglais.

NOTRE JARDIN, C'EST UNE VRAIE JUNGLE!

C I *Say you are sending the following things to your penfriend:*

1 A photograph of yourself.
2 A photograph of your family.
3 A postcard.
4 Some English stamps for his collection.

II *Write a letter to your friend including the following information:*

1 Say thank you for the letter.
2 Say you live in a flat in the centre of town.
3 Briefly describe your home.
4 Say you haven't got a garden.
5 Say you enclose a photograph of your bedroom which overlooks the street.

Guildford, le 15 septembre

Cher Arnaud,
    Je te remercie de ta gentille lettre. Comment ça va? Moi, je vais bien. Tu m'as demandé quelques renseignements sur la ville où j'habite; les voici:
    Guildford est une assez grande ville d'environ 58,000 habitants. Elle se trouve à 30 milles (48 kilomètres) de Londres. Une très jolie rivière qui s'appelle la Wey traverse la ville. Peux-tu la trouver sur une carte?
    Guildford est desservie par le train et par les autobus. Il y a une grande gare et une plus petite aux environs de la ville. Il y a aussi une gare routière au centre. Nous avons beaucoup de magasins dans la rue principale où on vend toutes sortes de choses.
    Les plus vieux bâtiments de la ville sont un vieil hôpital et un château en ruines. L'université et la cathédrale sont toutes les deux très modernes.
    Il y a un assez grand nombre de distractions. Le parc est grand et puisqu'on est près de la campagne on peut se promener facilement. Près du parc se trouve la piscine en plein air qui est ouverte en été. Si on veut nager en hiver on va au complexe sportif où il y a une piscine couverte. Pour s'amuser le soir il y a deux cinémas, un théâtre et plusieurs "pubs" et discothèques. Mes amis et moi, nous allons dans la discothèque Cinderella's.
    Je t'envoie une carte postale de Guildford et aussi un plan de la ville. C'est tout pour l'instant, meilleures pensées à toute la famille.

Mark

3

Describing the town or village where you live

The following letter shows you how to ask someone how they are and to describe the town or village where you live.

Points to notice:

1 Another way of saying thank you for your letter.
2 *Comment ça va?* is one way of asking how someone is; you could also ask *Comment vas-tu?*
3 A different way of signing off and also of sending your regards to all the family.

AI   *The following vocabulary might be useful in describing the town or village where you live.*

une église	— a church
une abbaye	— an abbey
un musée	— a museum
un stade	— a stadium, sports ground
un complexe sportif	— a sports centre
un zoo	— a zoo
un aéroport	— an airport
une salle de concerts	— a concert hall
une bibliothèque	— a library
une Maison de Jeunes	— a youth club
la gare	— the station
le bureau de poste	— the post-office
l'hôtel de ville	— the town-hall

II *Here are some phrases which could describe the position of the town or village in which you live.*

situé sur la Seine/Tamise/Ouse etc	— *on the Seine/Thames/Ouse etc.*
au bord de la mer	— *by the sea*
près des montagnes	— *near the mountains*
en pleine campagne	— *in the heart of the country*
sur la côte	— *on the coast*

NB un fleuve *is only used for large rivers flowing into the sea, whereas* une rivière *is used for tributaries and is therefore the most common word for a river.*

III *Notice that when you are saying how far one place is from another, you have to include the word* à *before expressing the distance:*

à cinquante milles de Londres
à treize kilomètres de Paris

BI *If you want to single a person or place out as being the most intelligent, important etc in a group, town, area etc, then you should use* de *to translate "in":*

La ville la plus importante de la région
Le bâtiment le plus vieux de la ville
L'homme le plus âgé du village

Make up similar sentences using the following information:

La femme/âgée/la famille
La femme la plus âgée de la famille

1 L'élève/intelligent/l'école
2 L'enfant/méchant/la classe
3 La peinture/belle/la collection
4 Les bonbons/chers/le magasin

II *If you want to say something is done without saying who does it, the easiest way is to use* on *and the corresponding part of the verb.*

On vend toutes sortes de choses
    All sorts of things are sold

On parle français dans les grands magasins
    French is spoken in the department stores

English has several equivalents of on *e.g. "people" as in:*

On peut se promener dans le parc
    People can walk in the park   *e.g. "you" as in:*

On achète des timbres aux PTT
    You buy stamps at the post-office

How would you say:

1 English is spoken here.
2 Wine is sold in supermarkets.
3 You can buy stamps in a tobacconist's.
4 You go to the main station to catch the train to London.

CI *Answer the following questions from your penfriend's letter:*

a) Où se trouve ta ville/ton village?
b) Combien d'habitants y a-t-il dans ta ville/ton village?
c) Quels sont les endroits les plus intéressants de ta ville/ton village?
d) Par quels moyens de transport ta ville/ton village est-elle/il desservi(e)?
e) Comment peut-on s'y amuser?

II *Now write a short letter including the following items:*

1 Say thank you for his/her last letter.
2 Ask if he/she is well.
3 Give a brief description of the town or village where you live.
4 Say you enclose a plan of the town.
5 Send your regards to the family.

Describing your school

In this letter you describe your school and the subjects you study there.

Notice: another way of ending a letter to a friend.

York, le 26 octobre

Cher Yves,
Dans ma dernière lettre j'ai promis de parler de mon collège. J'y ai commencé mes études secondaires à l'âge de onze ans. Il y a 1500 élèves dans mon collège, qui est mixte. Je suis en troisième* et j'étudie beaucoup de matières; l'anglais et les mathématiques qui sont obligatoires, l'histoire, la géographie, les sciences, le dessin, le travail manuel et le français que j'apprends depuis quatre ans. Je préfère les sciences car j'aime faire des travaux pratiques. Nous passons des examens à l'âge de seize ans ('O' levels and CSE). C'est l'année prochaine déjà pour moi.
Dans ma classe il y a trente élèves—seize garçons et quartorze filles. Nous avons quarante cours par semaine et huit cours de quarante minutes par jour.

Nous n'allons pas au collège le samedi et le dimanche. Chaque jour il y a deux récréations, la première à dix heures et demie et la seconde à trois heures moins le quart. Moi, je déjeune au réfectoire du collège mais les élèves qui habitent tout près rentrent chez eux pour manger.
Les bâtiments sont assez modernes et nous avons un grand terrain de sports mais il n'y a pas de piscine. Nous faisons beaucoup de sports le mercredi après-midi et je préfère le football.
Je t'envoie une photo de mes camarades de classe prise quand nous sommes allés en excursion l'été dernier, et aussi un exemplaire de mon emploi du temps.

Affectueusement

Jim

*fourth form

AI *Which of the following would you use to describe your school:*

un collège (mixte/de garçons/de filles), un internat, un lycée, une école privée, une école primaire.

II *Here are some of the subjects which you may study at school:*

le français	le travail manuel	la biologie
l'espagnol	la couture	la physique
l'allemand	le dessin	la chimie
le latin	l'histoire	les mathématiques
l'anglais	la géographie	la musique
la littérature	les sciences	l'éducation physique

BI *Look at the letter and see how to say "I have been learning French for four years". You will notice that you use the Present Tense followed by depuis. Now try to answer the following questions using depuis as in the example:*

Depuis quand apprends-tu le dessin? *(4 ans)* J'apprends le dessin depuis quatre ans.

1 Depuis quand étudies-tu l'histoire? *(3 ans)*
2 Depuis quand apprends-tu les mathématiques? *(5 ans)*
3 Depuis quand fais-tu l'éducation physique? *(7 ans)*
4 Depuis quand étudies-tu les sciences? *(2 ans)*

II *Notice one way of saying "at 11", "at 16" etc:*
à l'âge de onze ans

Now complete the following sentences using the above construction:

...j'ai commencé à faire l'éducation physique.
À l'âge de sept ans j'ai commencé à faire ... (etc.)

1 ...j'ai passé les " 'O' levels".
2 ...j'ai quitté l'école primaire.
3 ...je passerai les " 'A' levels".
4 ...j'ai commencé à jouer au football/au tennis.

CI *Try and answer the following questions about your school from your penfriend's letter.*

1 Combien de cours as-tu par semaine?
2 Combien de temps les cours durent-ils?
3 Quelles matières sont obligatoires à ton collège?
4 Quelles langues étudies-tu?
5 Depuis quand apprends-tu le français?
6 Quelle matière préfères-tu?
7 En quelle classe es-tu?
8 Vas-tu au collège tous les jours?
9 Est-ce que tes professeurs sont sympathiques?
10 Déjeunes-tu au collège?

II *Now write a letter to your penfriend about your school:*

1 Say thank you for the letter and the photograph of his/her family.
2 Ask how he/she is.
3 Describe your school.
4 Ask what subjects he/she studies.
5 Ask how long he/she has been learning English.
6 Say you are sending a copy of your timetable.

13

Bradford, le 22 janvier

Cher Robert,

Je m'excuse de ne pas avoir écrit depuis si longtemps mais j'ai été malade. Maintenant je vais mieux. Comment vas-tu? Bien, j'espère.

Tu m'as demandé dans ta dernière lettre ce que j'aime faire pendant mes heures de loisir. Mon passetemps favori est la natation, mais j'aime tous les sports et je joue souvent au football et au tennis. Es-tu sportif?

S'il fait mauvais je reste à la maison et j'écoute la radio ou je regarde la télévision; j'aime surtout les films. Quelle est ton émission préférée à la télévision? Quelquefois je vais chez un ami et nous passons des disques et nous causons. Le week-end je sors avec mes camarades de classe et nous allons au cinéma, au parc ou nous nous réunissons pour jouer aux cartes et écouter de la musique. J'apprends à jouer de la guitare depuis plusieurs mois. Plus tard je veux jouer dans un groupe. Je ne m'intéresse pas beaucoup à la musique classique. Sais-tu jouer d'un instrument?

Réponds-moi vite pour me dire ce que tu as fait pendant ton séjour à Paris et parle-moi un peu de tes passetemps. Pourrais-tu m'envoyer aussi des timbres francais pour ma collection?

Ton copain *Grahane*

5 Hobbies

In the following letter you describe your hobbies and also apologize for not having written for so long.

Points to notice:

1 To say you are sorry for not having done something you say *je m'excuse de ne pas avoir/être* followed by the past participle.
2 A girl would write *ta copine* instead of *ton copain*.

A1 *Here is some vocabulary which you might need when writing about your interests.*

je préfère	— I prefer
j'aime bien	— I really like
je m'intéresse à	— I'm interested in
les heures de loisir	— spare time
la natation	— swimming
les sports	— sports
les jeux de société	— indoor games

un programme	— a programme
à la télévision	— on TV
à la radio	— on the radio
la musique pop	— pop music
la musique classique	— classical music
un tube	— a hit
écouter la radio	— to listen to the radio
regarder la télévision	— to watch television
passer des disques	— to play records
danser	— to dance
aller en ville	— to go to town
aller au cinéma/théâtre	— to go to the cinema/theatre
aller dans une discothèque	— to go to a disco
aller au parc	— to go to the park
jouer du piano/violon	— to play the piano/violin
jouer de la guitare	— to play the guitar
jouer aux boules/échecs/ dames/cartes	— to play bowls/chess/ draughts/cards
jouer au tennis/football/ cricket	— to play tennis/football/ cricket

II *When you are talking about playing games you must use jouer à: jouer au tennis*
— but if it is an instrument you are playing then you use jouer de: jouer du piano

III *It is always a good idea to use and learn complete phrases of French. One difficulty you will have if you try to translate word by word from English into French is that not all words are translated:*

J'écoute la radio	— I listen (to) the radio
Nous écoutons le disque	— We're listening (to) the record

Similar verbs which do not require a preposition are:

regarder	— to look (at)
attendre	— to wait (for)
payer	— to pay (for)
chercher	— to look (for)
demander	— to ask (for)

B *When saying you "can" do something in French, you have to be careful to choose the correct verb. If you mean "to know how to do something", you use* savoir:

Je sais nager — *I can swim*

— but if you mean "to be able to do something", then you should use pouvoir:

Peux-tu m'envoyer une photo de ta famille? —
Can you send me a photo of your family?

Now try completing the gaps in the following sentences with the correct part of savoir *or* pouvoir *in the Present Tense according to the most likely sense:*

1 Elle...sortir ce soir.
2 Je...jouer aux échecs.
3 Nous...parler français.
4 ...tu venir demain?
5 Nous...monter à cheval.
6 Je...jouer aux dames.
7 ...vous me donner des renseignements sur Lyon?
8 Elle...jouer au volley-ball.
9 Mes frères...aller en France cette année.
10 ...je venir chez toi cet après-midi?

CI *Write a letter to Marc telling him what you like doing in your spare time. Include the following points:*

1 Apologize for not writing.
2 Say you have been ill but are better now.
3 Describe your hobbies.
4 Ask if he likes sport.
5 Say what you usually do in the evenings and at weekends.
6 Ask if he can send you some postcards for your collection.

II *Now reply to the following questions which Marc asked in his last letter:*

1 Aimes-tu les jeux de société?
2 Sais-tu jouer aux échecs?
3 Joues-tu d'un instrument?
4 As-tu une émission préférée à la radio?
5 Peux-tu me rendre visite pendant les grandes vacances?

Carlisle, le 12 juin

Chère Aline,
Je t'écris pour te remercier du porte-clefs en cuir que tu m'as envoyé pour mon anniversaire. Je l'ai trouvé très utile. On m'a offert de beaux cadeaux, par exemple un disque, des chaussures, du parfum et de l'argent et je me suis bien amusée le jour de mon anniversaire. Je suis allée avec mes amis au cinéma où nous avons vu un film policier et puis nous avons dîné dans un restaurant italien. Et toi, comment est-ce que tu fêtes ton anniversaire?
Comment vas-tu? Dans ta dernière lettre tu m'as dit que tu étais enrhumée, j'espère que tu vas mieux maintenant. Heureusement toute ma famille va bien. Je dois terminer maintenant car j'ai beaucoup de devoirs à faire.
Écris-moi bientôt.
Je t'embrasse affectueusement

Lynn

6 Thank you for the present

This letter shows you how to thank someone for a birthday present. In it you mention a few of the presents you received and say what you did to celebrate.

Points to notice:

1 In order to say "I am writing to thank you", you should say *Je t'écris pour te remercier.*
2 There is another way of signing off.

A   *Here is some of the vocabulary you might find useful when writing about your birthday:*

fêter	— to celebrate
un cadeau	— a present
une carte d'anniversaire	— a birthday card
utile	— useful
joli	— pretty
intéressant	— interesting
bien s'amuser	— to enjoy oneself
sortir	— to go out
une boum	— a party

B I   *To thank someone for something you can either say* merci de *or* je te remercie de:

Merci du cadeau
Je te remercie du cadeau

How would you thank someone for each of the following things?
1) A postcard, 2) A book, 3) Some stamps,
4) A photograph, 5) A diary

MERCI DU CADEAU

II   *If you want to say "I hope that", you say* J'espère que; *note that, in French, the word for "that" can never be left out.*

J'espère que tu vas bien

Try saying the following things:
1   I hope your mother is better.
2   I hope you received my postcard.
3   I hope you like the present.
4   I hope you will be able to visit us.

III   S'amuser *is a reflexive verb and, when forming the Perfect Tense, you must remember to use* être *and to make the necessary agreements:*

Elle s'est bien amusée
Ils se sont bien amusés

Fill in the blanks in the following sentences with the Perfect Tense of the verb in brackets:
1   Elle...à 7 heures. *(Se réveiller)*
2   Nous...à minuit. *(Se coucher)*
3   Il...dans sa chambre. *(S'habiller)*
4   Elles...bien chez leurs amis. *(S'amuser)*
5   Ils...avant de sortir. *(Se raser)*
6   Tu...dans la mer. *(Se baigner)*
7   Je...devant le cinéma. *(S'arrêter)*
8   Vous...de bonne heure. *(Se lever)*

C   *Now practise writing to Annick to thank her for a birthday present:*
1   Ask how she is.
2   Say you hope she received your last letter.
3   Thank her for the book she sent; say it is very interesting.
4   Tell her how you celebrated your birthday.
5   Ask her to write soon.

Ipswich, le 26 avril

Cher André,

Merci beaucoup de ta gentille invitation; je voudrais bien venir en France pendant les grandes vacances. J'en ai parlé avec mes parents et ils sont d'accord.

Je suis allé hier dans l'agence de voyages et on m'a conseillé de prendre l'avion. C'est un peu plus cher mais c'est beaucoup plus rapide. Pourras-tu venir me chercher à l'aéroport de Roissy? Je pense arriver le 25 juillet et rester jusqu'au 15 août si cela ne te gêne pas. Qu'en penses-tu?

J'attends ce voyage avec impatience car j'aimerais beaucoup connaître ta famille et aussi Paris et la région parisienne. Sais-tu si ton frère aîné sera revenu de son voyage au Canada? Je voudrais bien faire sa connaissance. Comme je ne suis jamais allé en France je serai content d'avoir l'occasion de visiter les monuments célèbres et de connaître un peu la vie d'une famille française.

Réponds-moi vite pour me dire si les dates de ma visite te conviennent et je pourrai ainsi faire des réservations pour le vol. Remercie tes parents de ma part, s'il te plaît.

Amitiés

Paul

7 Arranging to visit your penfriend in France

In this letter you arrange to visit your penfriend during the summer holidays.

Notice another different way of signing off.

A *Here are some words you might need when arranging to visit a friend.*

une invitation	— an invitation
une agence de voyages	— a travel agent's
le vol	— the flight
l'aéroport	— the airport
la gare	— the station
la gare maritime	— the station at a port
la traversée	— the crossing (by boat)
le bateau	— the boat
le car-ferry	— the ferry
l'aéroglisseur } l'hovercraft }	— the hovercraft
réserver	— to book, reserve
une réservation	— a booking, reservation

B I *There are two French verbs meaning "to know".*
Connaître *is used for knowing people and places,* savoir
is used to know facts or to know how to do something.

Je ne connais pas ce garçon.
Il connaît très bien Lyon.

Sais-tu nager?
Sais-tu quand le match finira?

*Fill in the following gaps using the correct part of the
Present Tense of* savoir *or* connaître *according to sense.*

1 Je...le frère de cet homme-là.
2 Nous...jouer du piano.
3 ...tu quand Napoléon est mort?
4 Ils...Marseille et ses environs.
5 ...vous cette femme?
6 Je...où il habite.
7 Nous...la fille de M. Duval.

II *There are two ways of asking a question in written
French.*

1 *You can put the subject after the verb and link the two
words by a hyphen:*
Tu veux du vin *becomes* Veux-tu du vin?

*Remember that verbs which end in a vowel in the il and
elle form need a t when they are turned round:*
Il mange des sandwichs *becomes* Mange-t-il des
sandwichs?

2 *You can put* est-ce que *in front of the subject:*
Tu veux du vin *becomes* Est-ce que tu veux du vin?
Il mange des sandwichs *becomes* Est-ce qu'il mange des
sandwichs?

*Try making the following statements into questions in
two different ways.*

1 Vous allez au cinéma.
2 Tu vas en France.
3 Ils boivent du thé.
4 Tu veux me rendre visite.

5 Il a deux frères.
6 Elles apprennent l'anglais.
7 Vous aimez jouer au football.
8 Il achète beaucoup de disques.

C I *Write to Jacques accepting his invitation to stay with him
during the holidays.*
1 Say thank you for the invitation.
2 Discuss how you intend to travel.
3 Suggest the dates of your visit and ask what he thinks.
4 Mention some of the reasons why you are looking
forward to your visit.
5 Ask him to write back soon to say whether the dates you
suggest are suitable.

II *Now imagine you are replying to the following questions
in your penfriend's letter about a proposed visit to
France:*
1 Quand vas-tu arriver?
2 Comment penses-tu voyager?
3 Combien de temps veux-tu rester?
4 Qu'est-ce que tu voudrais faire pendant ta visite?

19

Durham, le 2 septembre

Chère Monique,

J'ai décidé de t'écrire tout de suite pour te remercier de tout ce que tu as fait pour rendre mon séjour chez toi très agréable. Je suis arrivée à Londres hier soir après un voyage de neuf heures. Après avoir quitté Orléans je suis allée à Paris, comme tu sais, où j'ai pris le train de Boulogne. J'ai fait la connaissance d'un étudiant français qui allait en Angleterre pour travailler et le voyage s'est déroulé rapidement. Après être arrivée à Douvres j'ai dû passer à la douane. Heureusement les douaniers n'ont pas ouvert ma valise.

Mes parents ont été très contents des cadeaux que j'avais achetés et ils voudraient remercier tes parents de m'avoir si gentiment accueillie. Quant à moi je voudrais dire merci à ta mère de tous les bons repas qu'elle a préparés, j'adore la cuisine française et je voudrais dire merci aussi à ton père qui nous a emmenées à tant d'endroits intéressants. J'ai aimé surtout l'excursion à Paris.

N'oublie pas de me dire si tu peux me rendre visite à Noël.

Bons baisers

Jennifer

8

Thank you for your hospitality

This is the kind of letter you could write after a visit to your French penfriend. In it you describe your journey home and thank everyone for all they did for you.

Notice another way of signing off.

A *Here is some of the vocabulary you might need when writing to thank someone for looking after you during a visit to France:*

remercier	— *to thank*
merci de	— *thank you for*
le séjour	— *the stay*
accueillir	— *to welcome, to meet*
une excursion	— *a trip*
la cuisine	— *the cooking*
visiter	— *to visit (places)*
rendre visite à	— *to visit (people)*

ABSOLUMENT RIEN À DÉCLARER

B *In order to say "after doing something" in French, you must use* après avoir *or* après être *followed by the past participle. This construction is a handy way of expressing the idea that after doing something the same person went on to do something else. You will, of course, need to remember which verbs go with* être *and to make them agree.*

Look again at these sentences:

Après avoir quitté Orléans elle est allée à Paris.
   After leaving Orléans she went to Paris.

Après être arrivée à Douvres elle a dû passer à la douane.
   After arriving in Dover she had to go through customs.

Now practise this construction by replacing the verb in the first of each of the two sentences by après avoir *or* après être *as in the example:*

Il est arrivé à la gare. Il a pris le premier train.
Après être arrivé à la gare il a pris le premier train.

1 Nous sommes sortis. Nous sommes allés au cinéma.
2 J'ai acheté des bonbons. Je les ai tous mangés.
3 Elle est entrée. Elle s'est assise dans le grand fauteuil.
4 Ils ont visité Paris. Ils sont rentrés chez eux.
5 Elles se sont couchées. Elles se sont vite endormies.
6 Il est parti. Il a pris l'autobus.

C *Now write a letter of thanks to your penfriend.*
1 Thank her for making your stay so pleasant.
2 Briefly describe your journey.
3 Ask her to thank her parents for all they did.
4 Say you liked her mother's cooking.
5 Mention a particular trip which you enjoyed.

Wolverhampton, le 7 juin

Cher François,
J'ai été très content de recevoir ta lettre ce matin et d'apprendre que tu pourras venir chez moi au début de juillet. J'attends ta visite avec impatience car nous aurons beaucoup de choses à faire.
Quand tu arriveras à Birmingham nous serons là, mon père et moi, pour t'accueillir. En descendant à la gare de New Street à trois heures de l'après-midi, tu auras à monter un escalier avant de passer au contrôle. Nous essaierons d'être à la gare un peu avant trois heures, mais si nous ne sommes pas encore arrivés, attends-nous devant la consigne près de l'entrée. J'espère que tu me reconnaîtras, je porterai un pull bleu marine et un jean. De toute façon j'ai ta photo pour m'aider à te trouver.
En te souhaitant bon voyage.
À bientôt
David

9

Arranging for your friend to visit you

In this letter you make arrangements for your French friend to visit you. Remember to give precise instructions about where you are to meet.

Notice the use of *à bientôt* to sign off. This is used particularly when you hope to see someone or hear from them soon.

A   *Here are some time phrases which you might find useful when arranging to meet someone:*

à six heures précises	— at exactly 6 o'clock
vers trois heures } à trois heures environ	— at about 3 o'clock
à une heure et demie	— at 1.30
un peu avant midi	— just before mid-day
un peu après sept heures	— just after 7 o'clock
à cinq heures vingt de l'après-midi	— at 5.20 pm
à dix heures moins vingt-cinq du matin	— at 9.35 am
à onze heures du soir	— at 11 pm

B I *If you are describing something which has not happened yet, you must remember to use the Future Tense in French even where we would use the Present Tense in English.*

Quand tu arriveras à Birmingham, nous serons là.
When you arrive in Birmingham we shall be there.
Aussitôt que tu y arriveras, téléphone-moi.
As soon as you get there, ring me.

Now how would you say:
1 When you get off the train we will meet you.
2 When I arrive in Paris I'll phone you.
3 As soon as he comes we'll have lunch.
4 When she leaves school she will work in an office.
5 As soon as we reach the village, we'll do some shopping.

II *Remember that there are different command forms for both* tu *and* vous *and when writing a letter you should never mix them up. Here are some examples to help you:*

Verb	*tu* command	*vous* command
vendre	vends	vendez
donner	donne	donnez
choisir	choisis	choisissez
prendre	prends	prenez
faire	fais	faites

Now give both command forms of the following:
1 descendre   2 finir   3 acheter   4 dire   5 écrire

III *Look at this sentence:*

En arrivant, il a enlevé son manteau.
When he arrived he took off his coat.

This construction with en *is used to express the idea that while somebody is doing something, something else happens. You can only use it if the same person is the subject of each verb.*

En sortant, il va prendre un taxi.
When **he** *leaves* **he** *is going to take a taxi.*

Now practise this construction in the following sentences using the examples as a guide:

Quand tu sortiras de la gare, prends l'autobus.
En sortant de la gare, prends l'autobus.

Quand elle est sortie de chez elle, elle a vu l'accident.
En sortant de chez elle, elle a vu l'accident.

1 Quand tu arriveras en France, commence tout de suite à parler français.
2 Quand elle est devenue plus riche, elle a décidé d'acheter une voiture.
3 Quand je suis descendu, j'ai vu le concierge.
4 Quand il a reçu le télégramme, il était étonné de voir qu'il venait de Belgique.
5 Quand vous ferez les achats, achetez-moi du pain s'il vous plaît.

C *Practise replying to Jules who is coming to stay with you next month.*
1 Say you are pleased to hear he can come.
2 Say that you and your parents will be at the station to meet him.
3 Say what time you will arrive.
4 Give instructions about where to wait, in case you are late.
5 Wish him a pleasant journey.

Stafford, le 21 août.

Chère Louise,

Comment ça va? Nous venons de rentrer chez nous après avoir passé quinze jours dans le Sussex. Nous sommes arrivés en voiture à Brighton, ville touristique au bord de la mer, au début du mois.

Brighton est une grande ville sur la côte et il y a beaucoup de distractions. La plage est très longue. Heureusement il a fait du soleil pendant notre séjour et mon frère et moi nous nous sommes baignés assez souvent. Ma petite sœur s'est amusée à jouer avec de nouveaux amis et mes parents ont pris des bains de soleil.

L'hôtel était très moderne et les lits étaient confortables. La cuisine était délicieuse et j'ai beaucoup mangé. Un jour nous avons décidé de faire un pique-nique à la campagne et nous avons profité du beau temps pour nous promener un peu. Nous avons aussi visité le célèbre palais, l'aquarium et la jetée qui est très typique des stations balnéaires anglaises. As-tu reçu ma carte postale?

J'étais triste le jour de notre départ car je m'étais bien amusée pendant les deux semaines de vacances que nous y avions passées.

N'oublie pas de m'écrire quand tu iras à Royan.

Amitiés

Angela

10 Describing your holidays

This letter describes a holiday from which you have just returned.

AI a) *If you go to an English county you use* dans le *to translate "in" or "to".*
dans le Devon, dans le Lincolnshire

b) *For towns you use* à.
à Newquay, à Scarborough, à Londres, à Paris

c) *For regions in France and most countries you use* en.
en Bretagne, en Dordogne, en France,
en Angleterre, en Allemagne

d) *You use* au *if a country is masculine and* aux *if the country is plural.*
au Canada, au Portugal
aux Etats-Unis, aux Pays-Bas

II *Here are the most common ways of describing the weather. Remember you would have to change the tense when writing in the past.*

Il fait chaud/froid/du soleil/ du vent/du brouillard/ de l'orage	— *It's hot/cold/sunny/ windy/foggy/ stormy*
Il pleut	— *It's raining, it rains*
Il neige	— *It's snowing, it snows*
Il gèle	— *It's icy/freezing*

III *To describe how you travelled you would probably need one of the following phrases:*

en auto/voiture	— *by car*	à vélo	— *by bike*
en avion	— *by plane*	par le train	— *by train*
en taxi	— *by taxi*	par le bateau	— *by boat*

IV *You might also find the following vocabulary useful when describing your holiday:*

la plage	— *the beach*
le sable	— *the sand*
les rochers	— *the rocks*
les falaises	— *the cliffs*
un phare	— *a lighthouse*
un zoo	— *a zoo*
un musée	— *a museum*
un aquarium	— *an aquarium*
un parc d'attractions	— *a fairground*
une station balnéaire	— *a seaside resort*
une piscine	— *a swimming pool*
un château	— *a castle, stately home*
un hôtel	— *a hotel*
une pension	— *a boarding-house*
un camping	— *a campsite*
une caravane	— *a caravan*
une tente	— *a tent*
un touriste	— *a tourist*
un souvenir	— *a souvenir*
nager	— *to swim*
faire une excursion	— *to go for a trip*
faire un pique-nique	— *to have a picnic*
faire une promenade	— *to go for a walk*
faire du canotage	— *to go boating*
faire du ski nautique	— *to go water skiing*
faire de la voile	— *to go sailing*
se bronzer/prendre un bain de soleil	— *to sunbathe*
prendre des photos	— *to take photos*
dresser une tente	— *to pitch a tent*
jouer au volley-ball	— *to play volleyball*
aller à la pêche	— *to go fishing*

B *In order to say you "have just done something" in French, you use the Present Tense of* venir *followed by* de *and the infinitive.*

Je viens de recevoir ta lettre.
  I have just received your letter.

Elle vient de sortir.
  She has just gone out.

How would you say the following:

1 I have just received your postcard.
2 They have just left.
3 We have just come home.
4 He has just bought a car.
5 Have you just arrived?

C I *Try writing a letter to Monique about a holiday you have just spent:*

1 Ask how she is.
2 Say where you went for your holiday and how long you spent there.
3 Ask if she got your postcard.
4 Describe where you stayed.
5 Name some of the things you did while on holiday.

II *Imagine Monique has asked you the following questions about your holiday. How would you reply?*

1 Où as-tu passé tes vacances cet été?
2 Quel temps a-t-il fait?
3 Qu'as-tu fait d'amusant?
4 Comment était l'hôtel?
5 As-tu aimé la cuisine?

Stoke on Trent, le 8 décembre

Cher Patrice,

Je t'écris pour te souhaiter un joyeux Noël et je t'envoie aussi une carte de Noël et un petit cadeau; j'espère que tu les aimeras.

Qu'est-ce que tu fais pour fêter la Noël? Nous, on envoie une carte à ses amis au début de décembre et puis, vers la mi-décembre, nous décorons le sapin et nous mettons les cadeaux au-dessous.

Le jour de Noël nous nous levons de bonne heure et nous nous offrons des cadeaux. Mon petit frère croit que c'est le père Noël qui les apporte. Vers deux heures nous prenons le repas qui consiste en une dinde rôtie avec beaucoup de légumes, suivie du célèbre "Christmas pudding". Sais-tu ce que c'est? Pendant l'après-midi nous mangeons beaucoup de chocolat et de noix. Je suis très content que cette année mes cousins viennent passer Noël avec nous. Je m'amuserai bien avec eux.

Le 31 décembre j'irai chez des amis pour faire le réveillon et sans doute je me coucherai tard ce jour-là.

Écris-moi bientôt pour me raconter ce que tu as fait à Noël et pour me dire quels cadeaux tu as reçus. Je souhaite la bonne année à toute ta famille.

Amitiés

Steven

11 Saying Happy Christmas and Happy New Year

This letter tells you how to wish someone a happy Christmas and New Year. You ask about Christmas celebrations in France and describe briefly a typical English Christmas.

A *The following phrases are useful ways of expressing wishes:*

heureux anniversaire!	— *happy birthday*
joyeux Noël!	— *happy Christmas*
bonne année!	— *happy New Year*
bonne fête!	— *happy (saint's day)*
félicitations!	— *congratulations*
soyez le bienvenu!	— *welcome*
bonne chance!	— *good luck*
bon voyage! bonne route!	— *have a good trip*
bonne santé!	— *good health, cheers*
bravo!	— *well done*

B *If you want to say "to be pleased with/about something/someone", you would use* être content de.

Je suis content du cadeau.
I am pleased with the present.

How would you say:
1 They are pleased with their new car.
2 She is pleased about the news.
3 I am pleased with my sister.
4 We are pleased about the holidays.

CI *Write a letter to Jean-Luc wishing him a happy Christmas and include the following points:*
1 Wish him a happy Christmas and say you hope he will like his present.
2 Ask him to describe how Christmas is celebrated in France.
3 Describe how your family celebrates Christmas.
4 Say what you are doing on New Year's Eve, and wish his family a happy New Year.

II *Now write to Isabelle and wish her a happy birthday:*
1 Say happy birthday and you hope she is pleased with the present.
2 Ask what other presents she received and what she did to celebrate.
3 Send your regards to the rest of the family.

27

Cancelling arrangements

This letter is an example of how to cancel an arrangement to visit your penfriend. In it you apologize for any inconvenience caused and say how disappointed you are.

Cardiff, le 2 août

Chère Brigitte,

Merci de ta dernière lettre. Comment va tout le monde? Malheureusement j'ai de mauvaises nouvelles; maman s'est cassé la jambe il y a quelques jours. Elle est allée à l'hôpital où on la lui a plâtrée mais elle devra rester immobile pendant trois semaines. Je dois donc m'excuser car je ne pourrai pas te rendre visite la semaine prochaine puisqu'il me faudra aider maman. Je suis désolée parce que j'attendais la visite avec impatience. J'espère que cela ne te gênera pas trop et je te prie de présenter mes excuses à tes parents. Peut-être que je pourrai venir à Noël si ça ne te dérange pas.

Amuse-toi bien pendant les vacances et n'oublie pas de m'envoyer une carte postale.

Je t'embrasse affectueusement

Amanda

A *Here are some of the different ways of apologizing:*

excuse-moi/excusez-moi	— *Sorry! Excuse me!*
pardonne-moi/pardonnez-moi	— *Sorry! Excuse me!*
pardon	— *Sorry! Excuse me!*
je suis navré de + *infinitive*	— *I'm sorry . . .*
je suis désolé de + *infinitive*	— *I'm sorry . . .*
je regrette de + *infinitive*	— *I'm sorry . . .*
je suis désolé de ne pas pouvoir venir	— *I'm sorry I can't come*
je regrette de te dire	— *I'm sorry to tell you*
s'excuser	— *to apologize*
faire ses excuses	— *to apologize*
présenter ses excuses	— *to apologize*

B *Notice that* des *becomes* de *when there is an adjective in front of a plural noun.*

de mauvaises nouvelles — *some bad news*

Now practise this point by rewriting the following sentences as indicated by the example:

J'ai vu des maisons qui étaient vieilles
J'ai vu de vieilles maisons

1 J'ai rencontré des jeunes filles qui étaient jolies.
2 Nous avons visité des bâtiments qui étaient très vieux.
3 Ils ont acheté des fauteuils qui étaient nouveaux.
4 Elle a envoyé des fleurs qui étaient belles.
5 Vous avez dépassé des camions qui étaient très gros.

C I *Practise writing to Gérard cancelling the visit which you had arranged.*

1 Thank him for his last letter and ask how everyone is.
2 Say that your mother is ill and that you are sorry and will not be able to visit him.
3 Say how disappointed you are.
4 Say you hope you haven't inconvenienced him and ask him to apologize to his parents on your behalf.
5 Suggest that perhaps you will be able to visit him next year if that suits him.
6 Wish him an enjoyable holiday.

II *Now imagine you are Brigitte and you have just received Amanda's letter.*

1 Thank her for the letter.
2 Say you are sorry to hear that her mother has had an accident and that you hope she will soon be better.
3 Say you are disappointed that she cannot come as you have been looking forward to her visit.
4 Say that she hasn't inconvenienced you and that you will be able to welcome her at Christmas.

HÉLAS, JE SUIS UN PEU TROP OCCUPÉE!

FORMAL LETTERS

Mr. E. THOMAS
19 Carlton Gardens
SOUTHAMPTON
Hampshire
ENGLAND

Southampton,
le 16 avril 1981

Syndicat d'Initiative
Square des Mobiles
24100 BERGERAC
FRANCE

Monsieur,
J'ai l'intention de passer mes vacances avec ma famille en Dordogne et je voudrais faire des réservations avant de partir. Voulez-vous être assez aimable pour m'envoyer les renseignements suivants:
—une liste d' hôtels de la région
—un plan de la ville
—des dépliants sur Bergerac et ses environs.
Je vous prie d'agréer, Monsieur, l'expression de mes sentiments distingués.

E. Thomas

13 Writing to a Tourist Office for information

Here is an example of a formal letter written to someone you do not know. You are writing to a Tourist Office (Syndicat d'Initiative) to request information about the region in which you are going to spend your holidays.

Points to notice:

1 In a formal letter you put your name and address in the top left hand corner, using capital letters for names, towns and countries.
2 On the same line as the last line of your address, but on the right hand side, you put the town from which you are writing and the date.
3 Under the town and date you write the name and address of the person to whom you are writing.
4 The equivalent of "Dear Sir/Madam" is *Monsieur* or *Madame* and this is written on the left hand side, not in the centre. "Dear Sirs" would therefore be *Messieurs*.
5 Notice the very lengthy way of signing off a business letter. If you were writing to a woman, you would replace *Monsieur* by *Madame*.

ON NOUS A DIT «UN HÔTEL SIMPLE»!

AI *French addresses usually follow the same pattern as English ones with the number coming before the name of the street, but the postcode is written before the name of the town.*

Modern postcodes are made up of 5 figures, the first two of which are the department number. If you do not know the postcode then you should just put the department number in front of the town name.
eg 65400 ARGELÈS
or 65 ARGELÈS

II *The following vocabulary may be useful when writing to a Tourist Office.*

j'ai l'intention de	— *I intend to*
faire des réservations	— *to book, make reservations*
les renseignements	— *information*
un dépliant	— *a brochure*
une liste de campings	— *a list of campsites*
une liste d'hôtels	— *a list of hotels*

BI *You use the phrase* avant de *followed by the infinitive to say "before doing something" providing the same person is doing both actions.*

Je voudrais faire des réservations avant de partir.

Practise using this construction as in the example.

Il achète un journal puis il arrive au bureau.
Avant d'arriver au bureau il achète un journal.

1 Elle emprunte vingt mille francs puis elle achète une auto.
2 Il vérifie l'adresse puis il envoie un mandat postal.
3 Ils réservent une chambre puis ils vont en vacances.
4 Elle prépare un bon dîner puis elle s'en va.
5 Elles achètent une tente puis elles vont en Irlande.

II Je voudrais *is used to say "I should like" and can be followed by a noun or an infinitive.*

Je voudrais du vin.
Je voudrais sortir.

Practise saying that you would like the following things:

1	a kilo of potatoes	4	to see a film
2	some information	5	to buy some perfume
3	a list of campsites		

C *Now try writing to a Tourist Office for information.*
1 Say you intend to spend your holidays in Biarritz and ask for a list of hotels.
2 Say you would like a town plan and some brochures on Biarritz and the surrounding region.
3 End the letter in a suitable way.

14 Reserving accommodation in a hotel

This is the kind of letter you could write to a hotel to reserve accommodation for you and your parents.

Miss R. JONES
61 Avenue Rd
MYTCHETT
Surrey
ANGLETERRE

Mytchett, le 23 avril 1981

Hotel Univers
03 MONTLUÇON
FRANCE

Monsieur,
    Je voudrais passer quinze jours avec mes parents dans votre hôtel. Pouvez-vous me réserver une chambre à grand lit avec salle de bains pour mes parents, et pour moi, une chambre à un lit avec douche, pour les nuits du 1 au 14 juillet? Nous voudrions la pension complète — veuillez m'indiquer le tarif, s'il vous plaît. Au cas où vous n'auriez pas de chambres de libres, je vous serais très reconnaissante de bien vouloir me recommander un autre hôtel.
    Je vous prie d'agréer, Monsieur, l'expression de mes sentiments distingués.

R. Jones

A *Look at the following table and decide what kind of accommodation you would like.*

Je voudrais réserver	une chambre	à un lit	avec douche
		à deux lits	
	deux chambres	à grand lit	avec salle de bains
		à deux grands lits	

B *Now try booking the following accommodation for the dates given.*

1 A double room with a shower, July 12–16.
2 A single room with a bath, April 9–11.
3 A single room and a double room with a bath, August 16–24.
4 A double room with twin beds and a shower, September 9–15.
5 Two single rooms, December 24–30.

C *Practise writing to the* Hotel Moderne, 24 rue Elisée-Mousnier. Place de la Préfecture, 16100 COGNAC.

1 Say you would like to spend a week with your sister at the hotel and give the dates.
2 Ask for two single rooms each with a shower.
3 Say you would like full board.
4 Ask the manager to let you know the price.
5 Ask him to recommend another hotel if he has no rooms free.

15 Reserving a site for a tent or caravan

In this letter you reserve a site for 2 tents and a car on a campsite. You give details of the ages of the people involved and the dates you intend to stay. You also ask about the facilities at the campsite.

Mr. J. ROBERTS
94 Stratford Rd
WARWICK
ANGLETERRE

Warwick, le 31 mai 1981
Camping Municipal de
Metz-Plage
57 METZ
FRANCE

Monsieur,
   Je voudrais passer une semaine avec ma famille dans votre terrain de camping. Pouvez-vous me réserver un emplacement pour deux tentes et une voiture pour les nuits du 7 au 13 août? Pouvez-vous m'indiquer le tarif? Nous sommes deux adultes, deux garçons âgés de 15 et 17 ans et une fillette de 5 ans. Veuillez me dire aussi s'il y a une salle de réunion et des douches sur le terrain de camping.
   Je vous prie d'agréer, Monsieur, l'expression de mes sentiments distingués.

J. Roberts.

A I *It is usually advisable to book in advance at a campsite in France, particularly for the summer months. As most campsites charge per person, per tent/caravan and per vehicle it is essential to include all the relevant information in your letter. The tables will help you to book the site you require.*

Pouvez-vous me réserver un emplacement pour	une deux trois	tente(s) caravane(s)	et	une voiture(s) deux moto(s)

Nous sommes	un adulte		et	un enfant
Je suis	deux			deux enfants
	trois	adultes		nous n'avons pas d'enfants
				je n'ai pas d'enfants

II *Here are some of the facilities, on or near the campsite that you might need to enquire about.*

une salle de réunion	— a common room
un terrain de jeux	— a playground
un parc	— a park
un téléphone	— a telephone
une pharmacie	— a chemist's
une trousse de secours	— a first-aid kit
des prises de courant pour rasoir	— electric shaver points
des douches (froides/chaudes)	— showers (cold/hot)
des lavabos	— washbasins
des bacs à laver la vaisselle	— sinks for washing dishes
des bacs à laver le linge	— sinks for washing clothes
des magasins	— shops

B I *You can use this sentence to ask about facilities at the campsite:*

Veuillez me dire s'il y a....sur votre terrain de camping.

Now try asking about the following facilities:
1 A playground
2 A telephone
3 A supermarket
4 A swimming pool

II *You could use a similar sentence to ask about facilities near the site:*

Veuillez me dire s'il y a....près du camping.

Practise inquiring about the following:
1 A park
2 Some shops
3 A cinema
4 A post-office

C I *Now try writing to a campsite to reserve a site for your tent and car. Include the following information:*
1 One tent and car from July 15—22
2 Two adults and two children of four and six
3 Ask whether there are hot showers and facilities for washing clothes on the site.

II *Now practise booking a site for your caravan using the following outline:*
1 One caravan and car from August 23—29
2 One adult and child of eight
3 Ask about some of the facilities near the campsite.

16 Replying to an advertisement about a job

In this letter you answer a newspaper advertisement for a job in which you are interested. You give a few details of yourself and enclose a testimonial written by your headmaster.

Offres d'emploi

Offres d'emploi

Offres d'emploi

A1 *If you are interested in finding a holiday job in France or work as an au pair you should write to the Central Bureau for Educational Visits and Exchanges, 43 Dorset Street, London W1M 2HJ and request their booklet 'Working Holidays' (1981 price £2.30).*

If you would like a more permanent position in France, then you should contact your local Jobcentre who will forward your particulars to their counterpart in France.

Miss M. HUNT
54 Acacia Rd
NORWICH
ANGLETERRE

Norwich,
le 15 juillet 1981
AGENCE NATIONAL
POUR L'EMPLOI
14. bd Palissy
47307 VILLENEUVE-SUR-LOT
FRANCE

Monsieur,
Suite à votre petite annonce dans le "Guardian" du 12 juillet, j'aimerais pouvoir obtenir une place pour la cueillette des fruits pendant les mois d'août et de septembre.

Je m'appelle Margaret Hunt et je suis Anglaise. Je suis née le 3 novembre 1962 à Norwich et je viens de passer mes " 'A' levels", équivalent anglais du baccalauréat. Je cherche un emploi en France pour quelques semaines avant de continuer mes études à l'université. Je m'intéresse surtout aux langues et j'apprends le francais depuis sept ans. Je voudrais donc perfectionner ma connaissance de la langue française en travaillant en France.

J'envoie une lettre de recommandation écrite de la part du directeur de mon école.

Je vous prie d'agréer, Monsieur, l'expression de mes sentiments distingués.

Margaret Hunt

II *You should also send the following information:*
Surname and First Name(s)
Nationality
Permanent address in the UK
Address for correspondence (if different from above)
Date and place of birth
Marital Status
Number of dependent children
Whether you are coming alone or with your family
Professional and vocational training
Present occupation
Nature and duration of required position in France
How familiar you are with the French language

Here is some vocabulary you might find useful when describing yourself:
Je suis né(e) le 27 mai 19.. à Glasgow — *I was born in Glasgow on the 27th May 19..*
Je suis Anglais(e)/Ecossais(e)/Irlandais(e)/Galois(e) — *I am English/Scottish/Irish/Welsh*
Mon adresse courrier est... — *My address for correspondence is...*
Mon adresse permanente est... — *My permanent address is...*
Je suis célibataire/marié(e)/divorcé(e) — *I am single/married/divorced*
Je suis étudiant(e)/écolier(ère) — *I am a student/schoolboy /girl*
J'apprends le français depuis 5 ans — *I have been learning French for 5 years*
J'ai appris le français pendant 5 ans — *I learned French for 5 years*
Je viens de terminer mes études secondaires — *I have just finished my secondary education/I am a school-leaver*
Je voudrais passer un an/six mois en France — *I should like to spend a year/six months in France*

III *The following vocabulary could be used when replying to an advertisement in the* offres d'emploi *section of a newspaper.*

des renseignements	— *details, information, particulars*
une photo(graphie)	— *a photograph*
un bulletin trimestriel	— *an end of term report*
un curriculum vitae (CV)	— *a curriculum vitae (information on previous schools attended, jobs done, places you have lived etc.)*
une référence	— *a reference*
une lettre de recommandation	— *a testimonial*
un certificat	— *a certificate*
un diplôme	— *a diploma*
un offre	— *an offer*
le salaire	— *the salary*
les prétentions	— *salary requirement*

B *When you are applying for a job you will often find it useful to be able to say what you are interested in. You could use the expression* s'intéresser à *which you met when describing your hobbies. Use the correct part of the Present Tense of this verb to complete the following sentences:*
Je....les enfants
Je m'intéresse aux enfants.
1 Nous...les animaux
2 Je...le cinéma
3 Ils...les langues
4 Je...le commerce
5 Elle...la lecture

C I *Look at the following advertisements and imagine that you are a student looking for a holiday job. Following the pattern of the model letter, write letters of application to:*

1 Randstad
2 Magas. Céline
3 Martine

II *Now read the other job advertisements and write an application for two of them. Remember to include all the information required by the employer.*

randstad
travail temporaire

administratif : tél. (61) 62.09.31

TOULOUSE
60, boulevard Carnot
(face Car Wilson)

industrie - technique : tél. (61) 62.07.50

RECRUTE TOUTES QUALIFICATIONS

Très urgt. dem. serveuse pr restaurant, saison été, réf. — Ecr. : Martine, 6779, « Dépêche », 31095 Tse-cédex.

Concessionnaire
ALFA ROMEO
recherche

**MECANICIENS
P 3**

Bonne rémunération

Se prés. : **Autorama
route d'Espagne**
31 PORTET-s.-GARONNE

● **gardes d'enfants**

Recherchons j.fille pour aide travail ménager et garde enfants, Cannes, août. — Se prés. : Magas. Céline, 15 pl. Wilson, Tse.

Rech. J.F. min 30 ans, sérieuse. cultivée. pour cuis. simple. ménage et compagnie. logée, nourrie. Bon salaire à débattre. Pl stable, chez veuf âgé. sans enfant. très bonne situation. Ecr. Mme BARTHEL-GLASSER, 8, rue de Bienne. 67000 STRASBOURG

Société recherche
BONNE SECRETAIRE
libre très rapidement pour poste avec responsabilités variées Adr C.V. a AFCOFEL. 18. r de l'Arcade. 75008 Paris. qui transmettra

---

Recherchons
CHAUFFEUR-LIVREUR
Permis V.L. Env. C.V. + prét. à BAUDOUIN, 10, rue de Nesle. 75006 PARIS.

RECHERCHONS
— **VENDEURS**
électroménager
— **VENDEURS**
Hi-FI

Ecr. avec C.V. à : **Frédéric,
7036, « Dépêche », Toulouse**

● **bureau**

**IPB
POLY INTERIM**
TRAVAIL TEMPORAIRE

— STENODACTYLOS
— PERFO-VERIFS
— DACTYLOS-TELEXISTES
— MECANO-FACTURIERE

Expérience indispensable

Se prés. avec réf. :
66, rue de Metz
TOULOUSE

URGENT cherche
AIDE-COMPTABLE
libre de suite. Se prés. CICOMAP 4. av. Marceau, 75008 PARIS.

**SECRETAIRE-
RECEPTION HME**
2 ans d'expérience min. anglais courant. réf. exigées Hôtel PLAZA ATHENEE. service du personnel. 2. r du Boccador, Paris-8e Tel. 359-85-23

EXAMINATION PRACTICE

Finally, try these questions from past examination papers:

1   Last year, whilst on holiday, you helped occasionally on a farm. You decide you would like to go camping with a friend on this farm next summer, by the river where you could swim. You decide to write a letter to the farmer reminding him of last summer's visit and offering to do various jobs on the farm in exchange for the permission to camp.

(University of Cambridge Local Examinations Syndicate, June 1978)

2   Write a letter to a French friend giving the news that your parents have recently moved to a house in the country. Describe the move (to move house = *déménager*), your feelings on leaving your old home, the advantages and disadvantages of the change of house. Invite your friend to stay with you during the holidays.

(University of Cambridge Local Examinations Syndicate, November 1974)

3   Write in French a composition of about 100 words on the following:

Vous avez reçu la lettre suivante. Écrivez une réponse:

> *Rambouillet,*
> *le premier mars*
>
> *Monsieur,*
>   *Je vous écris de la part du père d'un de mes élèves. Son fils veut aller en Angleterre cet été, mais il veut trouver une famille très sympathique, dans laquelle son fils sera bien. Il faut vous dire que c'est un monsieur très riche. Si vous connaissez quelqu'un qui voudrait recevoir ce jeune homme, voulez-vous m'écrire en précisant comment est leur maison, combien d'enfants ils ont, quand ils pourront le recevoir, et, bien entendu, le prix qu'ils demanderont. Si vous avez des questions à me poser sur ce jeune homme, je ferai de mon mieux pour y répondre.*
>   *Veuillez agréer, monsieur, l'assurance de mes sentiments distingués.*
>
> *Georges Binant*

(The Associated Examining Board for the General Certificate of Education, June 1976)

4 Write a letter of between 90 and 100 words, in reply to the following letter, imagining that you are Alain.

ARNAY-LE-DUC
le 27 avril 1979

Cher Alain,
    Pour te souhaiter bon anniversaire je t'envoie ce billet de cent francs. Quand tu m'écriras, dis-moi ce que tu as fait avec l'argent.
    J'attends avec impatience ta visite chez moi pendant les vacances. Comment est le copain qui va t'accompagner? Parle-moi un peu de lui.
    Qu'est-ce que vous allez faire pour vous amuser tous les deux quand je serai au bureau? Ton oncle m'a dit qu'il pourrait peut-être vous emmener à la pêche un jour et j'ai pensé à louer des vélos! Que penses-tu de ces projets, Alain?
    En attendant le plaisir de te lire,
            ta tante affectueuse,

                    Amélie

(The Yorkshire Regional Examinations Board for Joint 16+ Examinations, June 1979)

5 Write in French, in about 100 words, a letter based on the following information:

Vous êtes secrétaire d'un club de football ou de tennis, et vous écrivez à un autre club pour arranger un match, en disant l'heure, la date, etc, et comment trouver le terrain où le match aura lieu.

(The Associated Examining Board for the General Certificate of Education, June 1976)

6 Write a reply to the following letter in French in about 150 words. Answer all the questions as fully as possible and in your reply include the following points:
(a) Ask if many school children in France work in shops at weekends.
(b) Tell your penfriend that you will not be able to go to France this summer.
(c) Ask your penfriend what else his/her brother received for his/her birthday.

Dieppe, le 4 juin

Cher ami/Chère amie,
C'est avec grand plaisir que j'ai lu ta dernière lettre. Tu as dû passer des vacances de Pâques très intéressantes en Suisse. Es-tu allé(e) faire du ski pendant ton séjour? Est-ce que ta famille a fait du camping là-bas ou est-elle restée dans un hôtel?

Je te remercie de la part de mon frère pour le cadeau que tu lui as envoyé pour son dix-septième anniversaire. Il était ravi du disque, mais comment savais-tu qu'il aimait le jazz? Dis-moi quand tu auras dix-sept ans parce que mon frère voudrait t'envoyer un disque français.

Tu as eu de la chance de trouver du travail dans un supermarché le samedi. À quelle heure est-ce que le magasin ouvre le matin? Combien d'argent est-ce qu'on te donne et qu'est ce que tu vas faire de cet argent?

Je dois finir maintenant parce que je veux regarder mon programme favori à la télévision. Écris-moi bientôt.

Ton ami(e)
Martin(e)

(Southern Regional Examinations Board, Certificate of Secondary Education Examinations, May 1979)

7 Write a reply to the following letter in French answering all the questions asked as fully as possible. In addition ask your friend what day in August he/she will be arriving, how he/she is travelling and where he/she would like you to meet him/her.

Dieppe, le 10 avril 1978

Cher (Chère)…
Merci bien de ta lettre que j'ai reçue hier. Je veux bien aller en Angleterre en août et passer deux semaines chez toi. Je crois que tu as un grand jardin. Décris-moi ta maison et ton jardin. Est-ce que tu travailles dans le jardin?

As-tu reçu la photo de mes parents? Veux-tu m'envoyer une photo de ta famille? Combien de frères et de sœurs as-tu?

Je voudrais visiter Londres. Est-ce que tu habites loin de Londres? Comment peut-on y aller?

J'achèterai des vêtements en Angleterre. Est-ce qu'ils sont plus chers qu'en France? Qu'est-ce que tu as acheté comme vêtements récemment?

Mes parents m'ont donné un nouveau vélo. Est-ce que tu as eu beaucoup de cadeaux pour ton anniversaire?

Ce soir je vais regarder la télévision. Il y a un bon film policier. Quels sont tes programmes favoris?

Maintenant le dîner est prêt. Écris-moi vite s'il te plaît.

Ton ami(e)

(Southern Regional Examinations Board, Certificate of Secondary Education Examinations, April 1978)